Beim Betrachten des Verschwindens

Aber es zählt nur das zu einem Leben,
was wir selber davon sagen können.

Thomas Beller

Beim Betrachten des Verschwindens

Bibliografische Information der Deutschen Nationalbibliothek
Die Deutsche Nationalbibliothek verzeichnet diese Publikation in der
Deutschen Nationalbibliografie; detaillierte bibliografische Daten sind im
Internet über http://dnb.d-nb.de abrufbar.

© 2007 Thomas Beller
Satz, Umschlagdesign, Herstellung und Verlag:
Books on Demand GmbH, Norderstedt
ISBN 978-3-8334-8266-3

Inhalt

Vorwort

Der Dichter und Schriftsteller Günter Kunert hat in einem Interview, das ich seinerzeit für die Berliner Literaturzeitschrift *Federwelt* mit ihm führte, auf die Frage *Welche Rolle spielt die Wahrheit in der Lyrik*, gesagt:

Ich kann nur so schreiben, wie ich bin, denn die Grundbefindlichkeit bleibt ja. Jeder hat seine eigene Wahrheit, die darin besteht, dass man zu einhundert Prozent mit dem Gedicht übereinstimmt. Wenn ich mich verwandeln kann, in das Gedicht, dann ist es wahr. Der Dichter muss die Stimmung wiedergeben können, aber nicht in direkter Weise. Hier ist der Bereich der Transformation wichtig, denn ein Gedicht ist ein Bild aus Wörtern.

Wie ist das zu verstehen? Nun, in gewisser Weise braucht die Aussage sicher keine weitere Erläuterung. Um meinen eigenen Standpunkt in Bezug auf das Schreiben darzulegen, möchte ich auf Grundlage des Zitats jedoch kurz auf das Schreiben von Gedichten eingehen. Wenn man weiß, dass es im Gedicht, im Gegensatz zu anderen Genres, um die Erfahrung geht, dann stellt das fertige Gedicht praktisch den Schlüssel zu dieser Erfahrung dar. Dabei spielt die von Kunert genannte *eigene Wahrheit*, die sich aus der subjektiven Erfahrung heraus ergibt, die entscheidende Rolle. Gleichzeitig zeigt ein gutes Gedicht aber immer auch eine Wahrheit auf, die mehr Menschen als nur dem Dichter zugänglich ist, bzw. es versucht, sich einer solchen Wahrheit anzunähern. Dies ist der Fall, wenn die eigene Erfahrung des Dichters in gewisser Weise also von Anderen (den Lesern) bestätigt werden kann.

In dem Sinn ist ein Gedicht mit den ihm zur Verfügung stehenden Mitteln ein Erkenntnisinstrument. Der Dichter hebt aus der subjektiven Erfahrung etwas heraus, was für viele, vielleicht sogar für alle Menschen, einen Wahrheitsgehalt hat. Würde er diese erfahrene oder erkannte Wahrheit nun in Form einer These festzuhalten versuchen, wäre er kein Dichter, sondern vielleicht ein Philosoph. Sein Werk wäre nicht mehr Poesie, sondern Denkvorgang, Theorie.

Der Dichter versucht also einerseits, eine Erfahrung zu transportieren während er sie gleichzeitig in der Weise unbestimmt lässt, als er eben ein *Bild aus Wörtern* kreiert. Dieses Bild erlaubt es nun dem Leser, seine eigene, ähnliche Erfahrung in dem Gedicht wieder zu erkennen. Und so entsteht aus dem Gedicht, aus der Poesie, im Prinzip so etwas wie Wissenschaft. Denn je mehr Menschen sich in einem Gedicht wieder finden, desto sicherer wird sein objektiver Wahrheitsgehalt.

In der Weise kann man die in einem Gedicht benutzte Sprache, die vornehmlich unsere innere Erfahrung widerspiegelt, welche allerdings oft an äußeren Begebenheiten aufgezeigt wird, fast als metaphysisch beschreiben. Das Gedicht, aber auch schon das einzelne Wort, letztendlich wohl jeder Buchstabe sagen mehr als das, was dasteht. Wir *wissen* sozusagen noch *etwas mit* beim Lesen, das der reine Text nicht hergibt.

Gedichte sind also tatsächlich ein Erkenntnisinstrument und müssen sich auch der inhaltlichen Überprüfung, der kritischen Auseinandersetzung, stellen. In dem Sinn bitte ich darum, die vorliegenden Texte *mitwissend* zu lesen. Dann wäre für mich mein Wunsch erfüllt, durch die Gedichte mit anderen Menschen in einen echten, inneren Dialog zu treten.

Im Moor

Leise fällt der Regen
in das Wasser des Sees,
und die Blätter der Birken
sinken tagelang, bewegt
vom Wind und von den Wellen,
als leuchtende Zeichen
bis auf den Grund.

Am Ufer liegt,
in Schnüren verfangen,
ein verendeter Vogel.

Auch dies
das Bild eines Todes.

Als ich gehe
fällt der Regen noch immer
leise in das dunkle Wasser des Sees.

Das Licht des Mondes

Weiß und kalt fällt das Licht des Mondes
in dieser Nacht im Dezember
in die Winkel der Straßen
und auf die Dächer der Häuser

wie das Licht einer Lampe
im Keller oder auf dem Speicher
durch ein Loch in der Hülle
ins Innere einer alten Pappschachtel
fällt. Der Inhalt,

längst vergessen und sich selbst überlassen:

Ein Spiel, an dem die Götter einmal
Gefallen fanden vor sehr langer Zeit.

Das Geräusch erster Tropfen

Letzter Tag im September.
Nebel liegt über der Marsch.
Lautlos weicht die Dämmerung
einer schwer und schwerer
sich neigenden Feuchtigkeit.

Dann das Geräusch erster Tropfen
von den Blättern der Birken.

So verdichtet sich das Bild
fast zur Idylle. Nur die
von den Reifen zu schwerer Maschinen
in den ausgefahrenen Rinnen des Weges
aufgebrochenen Steine liegen da

in kalter Würdelosigkeit.

Eine Antwort

Durchs geöffnete Fenster
fällt von den Dächern
das Gurren der Tauben herein.

Davor tanzen Mücken an einem
der letzten Tage des Sommers steigen
kurz nach dem Erwachen
erste Gedanken auf und beginnen
nun, da das Bewusstsein glücklich
wieder erlangt ist,

zu kreisen um die eine Frage
nach dem Sinn der Tage, die
zigfach folgten auf solches Erwachen.
Eine Antwort, unnötig wie die Frage,
wäre absolut nur

bis zum Umblättern der Seite.

Das Summen der Hummeln

Still sind die Tage, so still
wie die Sommer hier immer waren.

Vom entfernten Bahndamm tönen
die Hammerschläge der Arbeiter auf den Gleisen
wie das gedämpfte Geläut von Glocken
durch die weite Kuppel des Nachmittags.

Von den Lupinen weht das Gesumm
der Bienen und Hummeln zu mir, darüber
sitzt eine Amsel im Geäst der Tanne
und wartet wie ich. Man muss

die sich gleichenden Tage und Jahre
immer wieder erleben und sehen
wie alles vergeht. So klingen
die Hammerschläge der Arbeiter aus
bei einsetzender Dämmerung,

und was dem getäuschten Blick
als getrennt voneinander erschien
sinkt zusammen im langsam zerfallenden Licht.

Still sind die Tage, so still
wie die Sommer hier immer waren.

Beim Betrachten des Verschwindens

An den kälter werdenden Tagen
sitze ich noch immer
auf dem Stuhl vor dem Haus und sehe

dem langsamen Verschwinden der Schmetterlinge zu,
dem Fallen der Blätter, die sich nicht festhalten
wie wir. Schlimmstenfalls an erwarteten Wahrheiten,

bestenfalls an Körpern,
an ein paar Zigarren, ein paar mehr Gläsern Wein.

Sie werden wohl wiederkommen, die Schmetterlinge,
sollte nicht gerade in diesem Winter
das Universum den Punkt
seiner weitesten Ausdehnung erreichen,
um sang- aber wohl nicht klanglos
in sich zusammenzufallen.

Sie werden wiederkommen, wie alles wiederkehrt,
jedoch ganz ohne Langeweile, ohne Überdruss
und ohne Müdigkeit, die ein wenig vergeht

beim Betrachten des Verschwindens der Schmetterlinge,

beim Fallen der Blätter,

beim Leeren von ein paar Gläsern Wein.

In der funkelnden Schwärze des Alls

Temporärer Mittelpunkt des Universums:

Die tiefrote Glut des zerfallenden Feuers,
aus dem eben noch helle Flammen
flackernd wie unruhige Gedanken
in die Nacht hinaus schlugen,
um langsam zu verglühen.

In der funkelnden Schwärze des Alls
spaziere ich
den eingetretenen Weg hinunter zum See,
wie wir so vielen Wegen folgen

in vermeintlicher Gewissheit.

Vom Sinn der Steine

Glatt geschliffen
von Frost und Wind,
von Sonne und Regen,

von tausend
Sommern und Wintern

liegt er da,

um eines Tages
aufgehoben zu werden,
von einem Jungen vielleicht,
und nach erfolgreichem Wurf
mit mehrmaligem Aufsetzen an der Oberfläche,

langsam auf den Grund des Flusses zu sinken.

Verfrühte Müdigkeit

Sogar auf den Blättern der Tulpen
lastet die Müdigkeit,

auf den Flügeln von Sperling und Taube
wie auf den Lidern, durch die
zuviel eingegangen war,

gänzlich ungefiltert wie die Angst
vor einem Sommer, der zu früh begann,

mit übereilter Blüte und vielleicht
ganz ohne Frucht.

Durch das Wasser

Lange blickst du
in das Wasser des Baches und siehst
Stichlinge ziehen
über sandigem Grund.

Und durch das Wasser steigt
Erinnerung
an längst vergangene Sommer, da du

mit Eimer und Kescher gerüstet,
noch durch deine Träume gingst
Stichlinge zu fangen,

Spatzen zu schießen
mit Pfeil und Bogen

bis du trafst. Aber all das
ist ja längst nicht mehr wahr,
spricht der Bach dich frei

und nimmt mit sich fort
was eben noch war.

Kaum mehr

Weiß steht über dem Flieder
der Mond dieser Nacht im Oktober
weht von der See her ein warmer Wind.

Nun haben die Götter längst ausgespielt
und dienen
lediglich dem Intellekt zum Zeitvertreib
als mythologische Figuren. Die Sterne:

Leuchtende Gaskugeln,

und unsere Geschichten
sind nichts als Geschichten,
die der Wind (ein Produkt der Druck-
und Dichteverhältnisse der Atmosphäre)
nicht mehr erzählt. So bleibt uns nichts
als eine mit Formeln gefüllte Schwärze,

kaum mehr als vor tausenden von Jahren.

Nichts ist versprochen

Nichts ist versprochen, doch nun
beginnt auch dieser Tag
sich langsam
von letzten Dämmerresten, kalt

über Wiesen liegenden Nebeln
zu befreien wie von einem Zweifel,

einer Angst, einem dunklen Traum.

Nichts ist versprochen, doch
treten in Formen und Farben wie
an allen Tagen die Dinge hervor. Vom Himmel
das Geräusch ziehender Gänse, im Gras

die faulenden Äpfel eines zu heißen Sommers.

Mein Tag ist ein Stein

Mein Tag ist ein Stein. Schwer
liegt er in meiner Hand,
die ihn fest umschließt. Kalt und klar,
geschliffen vom Sand und vom Wasser.
Mein Stein war ein Berg.

Er wird leichter.

Winzige Kristalle mit scharfen Kanten
blitzen in der Sonne, doch sie täuschen
nicht über das Grau,
seinen eigensten Charakter, hinweg.

Und dennoch: Grau ist nur ein Wort.

Am Abend wiegt er fast nichts, mein Stein.

Vielleicht

Irgendwann täuscht dich
kein Bild mehr und
kein Wort hilft dir
auf deiner Flucht.

Vielleicht
wird der Schmerz
dich dann vergessen,

der Schmerz und die
im Verborgenen schwelende Angst.

Zwischen Himmel und Erde

Der Tag war blau und klar
lagen Himmel und Erde getrennt.
Als wir spazieren gingen
zogen Weißdorn, Apfelblüte,
mintfarbene Schiffe an uns vorüber,
und Menschen saßen,

aßen Eis oder Bratwurst
und führten kleine Hunde vorbei
an dem Spalt der sich auftat,

als ein kleines Mädchen plötzlich,
wie vor sehr langer Zeit,
im Kreis zu tanzen begann
um den toten Körper
eines kleinen Vogels im Gras.

An diesem Morgen

Still stehen
die Zeiger der Mühlen
an diesem Morgen.

Kein Wind
geht über das Land,

nur das lautlose
Schlagen der Flügel
in großer Höhe,

ein paar Möwen
oder Kiebitze.

Als sei die Zeit
tief ausgeatmet
nach dieser Nacht,

als könne der Tag
sich nicht ganz entschließen.

Zwischen den Gezeiten

Synchron, nur leicht
versetzt zueinander,
zerteilen die Flügel
der Mühlen den Himmel
in Rauten aus grau oder blau

je nach wechselnden Wettern.

Wie Relikte liegen
die Türme der Kirchen
weithin sichtbar
in der eiszeitlich geprägten
Fläche der Marsch.

Das Meer kommt näher
mit jeder Flut, ansonsten,

kennt man ja:

Kohlköppe, soweit das Auge reicht.

Totholz

Zwischen Totholz und verwitterten Gehäusen
von Weinbergschnecken liegt,
unbrauchbar und spröde geworden wie deine Erinnerung
an derlei Orte oder längst vergangene Sommer,
das Laub vom letzten Jahr,

lediglich belebt vom gelegentlichen, wie pflichtgemäßen
Stochern des Windes. Ja, Zeit wäre hier und Stille.
Unter den weiten Dächern der Pappeln kaum Zeichen
so genannter Zivilisation.
Nur ein paar Lämmer auf eingezäunten Weiden,
ein paar Fasane,
der Weg, auf dem ich gehe: Fort von hier,
weil ich es nicht aushalten kann

so ganz ohne Menschen, ohne Rastlosigkeit und ohne
ein kleines bisschen vom alltäglichen Wahn.

Geheimnis

Aber was wir
einmal wissen, das
kann nicht zurück
verwandelt werden,

nicht einmal
durch Wörter.

Manchmal

Als hielten wir uns
die Augen zu,

von Innen her,

aus Angst vor dem Gehen
eines eigenen Weges.

Ort des Geschehens

Der ganze Tag geprägt
durch dieses eine Bild:

Wie am Morgen der Sperber
in kunstvollem Flug
auf freier Fläche
die Bachstelze schlug,

die eben noch Gegenstand
meiner Betrachtung war
wie jetzt der Ort des Geschehens: Leer,

bis auf ein paar Federn, die der Wind
dem Blick nun Stoß um Stoß entzieht.

So stürzt Augenblick für Augenblick
unfassbar,
als undeutlich und immer fraglicher werdendes Bild

davon.

Vom Aufsteigen des Tages

In bleichmattem Glanz liegt
das Licht des beginnenden Tages
auf dem dunklen Gefieder der Krähen,

die sich nun herabfallen lassen
aus den noch kahlen Ästen der Pappeln,

um den Nebel mit jedem Schlag ihrer Flügel
zu durchmessen und zu erleuchten
bis ein Gewebe aus Licht über allem liegt.

Eine leuchtende Klarheit, aus der
sich nun die Dinge selbst erheben, gespiegelt

in der glatten Fläche des Sees.

Herzgrundlicht

Ganz weich legt sich das Licht
an diesem Abend im März
über das Grün der Lupinen
und über den Asphalt.

Dann balgt es sich kurz
im Pelz einer Katze,

ergießt sich weiß
in Magnolienkelche,

stolziert über Dächer
und geht übers Wasser,

als wäre das nichts.

Ganz weich schwimmt das Licht
an diesem Abend im März
dir unters Lid und sinkt
bis auf gedankenlosen Grund.

Schatten gibt es keine.

Eisheilige

Es ist noch einmal kalt geworden
an diesem Abend im Mai
stürzt das Licht der Laternen
ganz haltlos ins schwere,

schwarze Wasser des Kanals.

Da war ein Duft wie Sommer,
nur kurz. Dann hörst Du
das kalte Kreuzen der Klingen
im Schilf,

das Sirren der Messer im Wind.

Es ist noch einmal
kalt geworden, aber nicht

zwischen Dir und mir.

Abend

Den Bildern und Tönen
entzogen

im funzzligen Licht
dreier Kerzen

zieht sich das Ich
auf der Zunge zusammen
bei jedem Schluck Tee.

Schwarz und süß und bitter.

Die eine Rose

Vom Herzgrund blüht
die eine Rose.

Dein Schweigen
rührt sie leise an.

Und wie ein Kind
erwachst Du
unter ihrer Blüte.

Mit silbernster Stimme

Zwischen den Jahren dann
kam durch den Schnee
eine kleine Prinzessin
an meine Tür und sang
mit silbernster Stimme.

So gab ich ihr mein Herz
aus feinster Schokolade,

das sie lächelnd mit
in die Dunkelheit nahm.

Kalón

„Nur was schön ist, ist beliebt,
was unschön, ist auch beliebt nicht"

Still stehen die Flügel der Mühlen
an diesem Nachmittag
wie die Brut der Forellen
am Grund des Flusses, in den wenig später
die ersten Mädchen des Sommers steigen.
Und mein Blick, der bis dahin
wie ganz feines Tuch auf den Dingen lag,

mein so geübter Blick
erweist sich nun als Dieb: Er stiehlt sich
von Füssen über Fesseln, über Schenkel und Po
bis hinauf zu ein paar Brüsten und rinnt
den Körper hinab, um erneut aufzusteigen

bis zu den Lippen, bis hinauf zu einem Blick,
der ihn berührt wie ganz feines Tuch, das bewegt vom Wind
auf allen Dingen liegt, aufzunehmen von ihrer Schönheit
mit einem Lächeln.

Immer wieder

Wie die Wespen
den Mut,

immer wieder
den alten Bau
zu zerstören,

einen neuen,
einen weiteren Raum

zu erschaffen.

Lob des Zweifels

Dass im Zweifel
Wahrheit liegt,

wusste
schon Augustinus.

Was es sonst
noch Wahres gibt?

Dass im Zweifel
Wahrheit liegt.

Treibjagd

Sie gehen nicht weiter, die
mit den Wahrheiten am Hut.

Sie halten das zerschossene Viech
hoch in die Luft,
doch in den Klüften des Fleisches
und im blutigen Gefieder
zeigt sich nur
dies Licht im November.

Sie gehen nicht weiter, die
mit den Wahrheiten am Hut.

Herbst

Da stand er wie immer
mit der Sense im Licht
einer sinkenden Sonne: Eine Idylle

die täuscht, dachte ich. So hielt ich ihm
das ganze Jahr meine Wahrheiten hin,

die wuchsen wie Gras und leuchteten
im sattesten Grün. Sieh her,

sagte ich. Er lächelte und fuhr
mit der Klinge darüber.
Sie trockneten in der Sonne,

die tief hinter ihm stand
am sich entfernenden Horizont.

Du

Immer sehe ich
Dein Gesicht.

Und immer
im Kerzenlicht

das Leuchten
Deiner schwarzen Augen,

und Engel schweben
über Deinem Haar.

Du
hast das Wort gelebt.

Aber Gedichte

Zeit ist nie. Aber Gedichte
brauchen Zeit. Manchmal
ein ganzes Jahr: Licht brauchen sie
und Erde. Viel Erde und Frühling,

Sommer und Herbst (den weniger
wegen der üblichen *alles vergeht* Stimmung).

Und Winter. Vor allem den Winter
brauchen die Gedichte. Seine Dunkelheit

und dies *ganz bei sich sein* in der alles
einschließenden Kälte. Und manchmal,

manchmal braucht ein Gedicht
ein ganzes Leben – ganz für sich.

Aber Zeit ist nie, die Brötchen
wollen verdient werden,
und mit Gedichten kannst Du
grad mal das Feuer im Ofen anzünden.

Zeit ist nie. Nie ist Zeit für *das* Gedicht.

In der Küche waren Tanten

Wie gut es uns ging an den Wochenenden
bei Oma mit Kaffee und Kuchen
nach schläfrigen Mittagen
rauchten die Männer und spielten Karten,
während wir durch Haus und Garten tobten
auf der Suche nach Verstecken
alte Bücher fanden auf dem Boden.

In der Küche waren Tanten und sprachen
von Spargel und neuen Kartoffeln. Dabei
bereiteten sie Brote oder was uns sonst
zusammenhielt, das kam von ihnen.

Wie gut es uns ging, als wir
uns selbst genügten.

Ganz ohne Schuld

So kommst du langsam zurück:
An einem Samstagmorgen
bei Schwarzbrot und Kaffee
folgst du stumm
dem immer wieder einsetzenden Gesumm
der Fliegen vor den Scheiben der Fenster.
Draußen fällt Regen auf die Felder, der Raps
in seinen Rispen beginnt langsam zu reifen.

So schnell wird die Müdigkeit Dich nicht verlassen.
So taumelt dein Blick über Bäche und Gräben
und erschrickt vor der Klarheit der Bilder:

Löwenzahnkugeln aus Licht, Bussard und Sperber,
die mit ihnen aufsteigende Gewissheit: Der Himmel

reicht weiter als bis zu den engen Horizonten. Du hoffst,
irgendwann kehrt dein noch schwankender Blick
zu dir zurück in geläuterter Klarheit und ganz ohne Schuld,

wie vor sehr langer Zeit.

Kein fester Punkt

Im Dunkel dieser Nacht im Dezember
verliert sich der Blick
zwischen flüchtigen Lichtern,
zwischen Straßen und Häusern.

Vermeintlich Bekanntes vom Tage:

Tief und tiefer sich verdichtende Schatten
einer Welt, die sich nun,
ohne bestimmbaren Bezug,

hineinstürzen
in die offene Weite des Alls.

In keinem Zeichen

Wir finden uns nicht.

In keinem Wort,
in keinem Bild,

in keinem
unserer Zeichen.

Im Anfang

Was sagbar ist,

es bleibt
ein Glühen
an den Rändern,

ein zitterndes Kreisen
um das Wort, das war

im Anfang aller Dinge.

Von den Dingen

Weit gestreckt liegt
zwischen Horizonten der Planet.

Eine riesige Arena, in deren Rund
sich kein Schatten von den Dingen hebt.

Ein kurzes Innehalten nur, dann
sprengen erste Reiter in glänzendem Rüstzeug
heran, und Schatten um Schatten legt sich
auf die Dinge, die nun
dem Auge als getrennt voneinander erscheinen.

Dem Auge, durch dessen genaues Sehen
alles Sterben erst begann.

Nebel und Staub

Hoch steht das Wasser in diesem Winter
auf den sumpfigen Wiesen der Marsch.

Darin liegt weißlich ausgegossen
wie in riesigen Spiegeln, in denen Nebel
das Licht einer Wahrheit verschleiern,
der blasse Glanz einer schwachen Sonne.

Sanfter als sonst erscheint Deinem Blick
das Schlagen der Flügel eines steigenden Bussards,

sanfter die Konturen der Formen und Flächen, fast

durchlässig und so
als müssten die Dinge sich ihres Seins nicht versichern.

Dein Blick geht weiter und ganz in die Ferne, jedoch
was Du zu erkennen Dir erhofft, bleibt aus.
Denn alle Bilder (Baum, Birke, Bussard) enden in Dir;

liegen ausgegossen wie in riesigen Spiegeln,
in denen Nebel den Glanz ihrer Wahrheit

immer aufs Neue verhüllen.

Dämmervögel

In den kahlen Ästen dieses kalten Morgens
an einem der letzten Tage im November
sitzen Dämmervögel
unter unruhig ziehenden Wolken.

Sie sitzen, die scharfen Schnäbel versenkt
ins grau und schwarze Gefieder,

sie sitzen und warten.

Aus den Schornsteinen der Häuser
reißt der Wind den Rauch, während du
am Tisch in der Küche
beim Licht einer Kerze
deine Worte leise in das Dunkel sprichst.

Sie sitzen und warten.

Sprich deine Worte, sprich
etwas Licht hinein in das Dunkel, sprich

mit fester Stimme, bis die scharfen Schnäbel
aus dem Gefieder sich heben,

und die gewaltigen Flügel sich weiten im Wind.

Februar

Schnee im Gesicht,
ganz feine Stiche

meine schon
verheilenden Schritte

in der weißen Haut
des beginnenden Tages.

Vom Seyn

Hörst du
wie still es ist
hinter den Dingen,

still und klar.

Formlos
gestaltet sich das Seyn

in alle Dinge und Formen
hinein.

Worte

Meine Worte,

alles
was ich habe.

Meine Worte
spreche ich
wie Gebete,

wie Feuer
schleudere ich sie
in meine dunkelste Nacht.

Tag im Herbst

Durch die Kronen der Bäume
treibt der Wind seinen Regen.

So treiben wir
durch Zeit und Leben

und niemand weiß

wohin.

Versuch

Durch alle Verwirrung,

durch die Angst
und den Schmerz,

durch
all mein Fremdsein

mit eigener Stimme
sprechen vom Leben.

Nicht mehr.

Mitgeschriebenes

Von den Dichtern oder den Künstlern allgemein wird oft gesagt, sie lebten in ihrer eigenen Welt oder Wirklichkeit. Sie leben aber vielleicht mehr in der einen Wirklichkeit, in der wir alle leben, als dies den Anschein hat.

Ich bin der Meinung, dass jeder Künstler auch immer ein religiöser Mensch ist, in dem Sinn, wie er sich mit der schöpferischen Kraft, die in allen Dingen wirkt, verbinden muss, will er überhaupt tätig sein. Er transzendiert so während seiner Arbeit die eigene Person und wird in seinem Schaffensprozess gewissermaßen erlöst von sich, wenn auch nur für kurze Zeit.

Im Prozess des Schreibens werden alle Theorien, wird alles Wissen hinfällig, sei es nun philosophischer oder literarischer Art, und das Kreisen der Gedanken kommt zur Ruhe in der Erfahrung des Augenblicks, den man zu beschreiben versucht.

Als Künstler steht man vor jeder Arbeit wieder am Anfang.

Kunst als schöpferischer Ausdruck braucht immer auch das Chaos. Gleichzeitig ist Kunst aber ein ordnender Prozess. Aus dem Chaos wird mittels des Bildes bzw. des Wortes etwas herausdestilliert, was dann dem Menschen zur Verfügung steht als neue Erfahrung.

Ich muss überzeugt sein von dem, was ich tue. Ich muss das machen wollen, mit ganzer Hingabe, sonst verrate ich das Leben, nicht nur in der Kunst.

Am Ende bleibt Dir sowieso nichts, als Dich hinzugeben. Es gibt nichts zu wissen, nichts zu verstehen. Es gibt nur das Leben, von dem Du jetzt ein Teil bist.

Alles muss abfallen von Dir, wenn Du Dir treu bleiben willst. Jede Vorstellung, jedes Ziel, alles das, was sich zwischen Dich und die Unmittelbarkeit des Lebens stellt.

Das *Höchste*, das wir zu erreichen vermögen, ist das *so-sein* in einem Moment. In jedem Moment wäre zuviel verlangt. Ich denke, wir machen uns etwas vor, wenn wir glauben, dass dies möglich sei. In dem Sinn halte ich nichts von religiösen Praktiken, die sich in andauerndem Bemühen hierauf ausrichten. Als Hilfsmittel sind sie gut, aber sie können schnell zu einer Art Selbstzweck werden und uns bestimmen. Dann haben wir wieder eine Vorstellung davon, wie wir sein sollten, aber wir *sind* es nicht.

Der Weg der Menschwerdung geht über die Individuation zur Transzendenz. Wer den Schritt der Individuation dabei nicht vollkommen tut, der wird niemals über sich hinausgehen können, da es zu einer ständigen Konfusion zwischen der eigentlichen Person und dem *Ego* kommt.

Um das innerste Wesen zu erkennen, muss alle Besonderheit, müssen alle Vorstellungen von einem abfallen. Man muss verstehen lernen, dass dieses innerste Wesen nicht getrennt ist von dem innersten Wesen in allen Dingen. Erst wenn man beginnt, das zu begreifen, kann es gelingen, die eigenen Verwirrungen zu überwinden.

Das *Ich* will immer nur beachtet werden, es will im Mittelpunkt stehen und sich bestätigen. Wer ihm diesen Raum gibt, wird ein Sklave seines *Ichs*.

Gott ist die letztendliche Realität unseres Seins. Dabei müssen wir aber versuchen, ihn uns als den von Meister Eckhart benannten *Nichtgott* zu erklären. Denn jede Vorstellung, die wir uns von Gott machen, engt uns ein und begrenzt Gott auf unser Fassungsvermögen. Mit so einem Gott ist aber niemandem geholfen. Es würde bedeuten, sich an einem Produkt der eigenen Ängste, dem eigenen Streben nach Sicherheit festzuhalten. Mehr nicht.

Wenn man sich anschaut, wie alle Dinge und Prozesse sich ändern, bleibt gleichzeitig eine innere Gewissheit bestehen, dass sich, absolut gesehen, eigentlich nichts ändert, nie.

Habe gestern mit ein paar Farbresten (weiß, orange, ocker) und mit den Fingern sowie einem alten Lappen ein Bild von einer Maria mit Kind gemalt, weil ich unbedingt etwas machen *musste*.
Das erste Bild seit langem, das mir wirklich Freude bereitet hat.

Man darf Kunst niemals von dem Punkt irgendeiner Verwertbarkeit aus sehen. Damit meine ich auch Ansehen oder Ruhm, eben wieder diese Besonderheit, die das *Ich* so gern hätte, die aber jeden echten schöpferischen Vorgang unmöglich macht.

Wir müssen uns einerseits vom Mythos befreien, können aber andererseits ohne sein Geheimnis nicht leben. Aus dem Mythos schöpfen wir immer wieder neu, aus seiner Unbestimmtheit und seinem Geheimnis.

In der *Tat* liegt *Heilung,* weil in ihr die Trennung (der Gedanken und Vorstellungen vom Leben) überwunden wird.

Bilder sind Symbole, Buchstaben sind Symbole. Durch sie wird das Nichtsagbare der Erfahrung annäherungsweise mitteilbar. Aber sie sind eben immer nur der Schatten dieser Erfahrung und sollten deshalb auch nicht zu sehr bewundert werden. Dies käme in gewisser Weise einem Götzendienst gleich.

Das Leben ist keine Leistungsbilanz. Es erfährt seinen Sinn nicht in der Aneinanderkettung von Nachweisen irgendwelcher Art, sondern allein in der Vertiefung.

Biographische Daten

Thomas Beller wurde am 28.08.1970 in Meldorf in Dithmarschen geboren. Er veröffentlicht seit Jahren Gedichte, u. a. im Rahmen des Kieler Euterpekreises, aber auch überregional. So sind Bellers Gedichte in diversen Literaturzeitschriften (u. a. *Federwelt, Ostragehege, LiMa*) und Anthologien veröffentlicht worden (u. a. *Poetische Porträts* im Verlag Husum Druck).Bei *bod* sind die Gedichtbände *Dahinter, Entferntes Lachen* sowie *Vom Verlust der Stille* erschienen.